DE L'AVENIR

ET DU

CHANGEMENT DE DYNASTIE.

1.er 8.bre 1799.

La coalition formée sur des bases dont la stabilité ne peut paraître incertaine, a, presque toujours, battu les armées françaises depuis six mois ; et si l'on n'avoue pas encore hautement qu'on désespère du salut de la république, on commence du moins à jeter des regards inquiets sur l'avenir, dans la supposition où le système républicain compromettrait jusqu'à l'existence de la France.

Cette inquiétude peut être justifiée.

La coalition, puissante des forces actives, ou des dispositions secrètes de tous les Rois, est dans la position la plus avantageuse. L'Autriche, la Russie, peuvent, sans peine, recruter leurs armées ; leurs victoires leur assurent le dévouement des peuples qu'ils ont dé-

A

livrés , et la soumission de ceux qu'ils gouvernent. L'Angleterre semble n'attirer à elle
l'argent du monde entier que pour le distribuer à quiconque s'arme contre les Français.
Un système de commerce , savamment calculé ,
fait qu'en dépensant chaque jour davantage ,
chaque jour aussi elle s'enrichit de plus en plus.
L'esprit le moins pénétrant , voit que la coalition peut soutenir la guerre pendant plusieurs
années , avec d'autant plus de facilité , qu'elle
augmente sans cesse le nombre de ses partisans , de tous ceux dont elle prive son ennemi.
En effet , après six mois de combats , il reste
incontestable que , malgré quelques revers ,
les Rois sont plus forts , plus riches , plus unis ,
qu'ils ne l'étaient lorsque la campagne s'est
ouverte.

On répète toujours que les coalitions ne réussissent jamais , parce que la division s'introduit naturellement là où il y a beaucoup d'intérêts divers; mais on oublie que l'extravagance des républicains , à toutes les époques
où ils ont été victorieux , a réuni tous les intérêts différens en un seul , qui doit subsister
tant que la république française existera. Les
défaites auraient pu jeter le prétexte de la dé-

sunion parmi les coalisés, la victoire, au contraire, les attache les uns aux autres.

Pour dissoudre la coalition, il faudra la battre : cela est-il probable? (1).

Quand la campagne s'est ouverte, la république française était l'effroi des peuples et des Rois ; elle dictait des lois à l'Italie entière, à la Suisse, à la Hollande ; ses armées pénétraient en Allemagne, désolaient l'Égypte, occupaient les isles vénitiennes ; la république française avait enfin ce qui, plus que tout, donne la victoire, la prévention qu'avaient inspirée de sa puissance la rapidité et le faux éclat de ses conquêtes : c'est dans cet état que la coalition, faible encore, a osé l'attaquer ; c'est dans cet état que la coalition en a triomphé.

Maintenant la France, presque repoussée

---

(1) On ne peut nier que, même dans le cours de la campagne de 1799, où la victoire n'a cessé d'être fidèle à la coalition, les soldats français n'aient fait preuve de leur intrépidité accoutumée. Leur *défensive* a toujours été opiniâtre ; leur *offensive*, toujours fougueuse et irréfléchie, a quelquefois été suivie d'un vain avantage, bien chèrement payé et pompeusement proclamé ; mais ce n'est point avec ces petits succès passagers que l'on peut se vanter d'avoir *battu* la coalition. Quel est le résultat de la campagne ? voilà la seule base sur laquelle tout homme sensé et impartial peut asseoir son jugement et ses conjectures.

sur ses anciennes limites , ne peut plus compter que sur elle-même ; un mécontentement général , des insurrections dans beaucoup de départemens , une disette effroyable d'argent , d'hommes et de chevaux , plus de marine , plus de commerce , plus de crédit , et , pour comble de malheurs (1) , division entre les républicains : tout cela ne promet pas des victoires. Je le répète : si l'on ne peut désespérer du salut de la république , du moins est-il permis de concevoir des craintes sur l'avenir , et de chercher le meilleur parti qu'on pourrait tirer de la révolution , si l'on était forcé de renoncer au systême républicain.

On n'ose pas encore prononcer hautement le mot *royauté* , mais on tourne mal-adroitement autour des idées qui la rappellent ; on balbutie les mots d'*unité* , de *présidence* ; on

____

(1) Quand les républicains ont peur , on entend à la Tribune, on lit dans les proclamations les plus belles paroles de paix et d'union ; on fait mille sermens d'oublier toutes les anciennes querelles , d'anéantir toutes les factions , toutes les haines ; on divinise la Concorde, on lui élève des autels , on lui chante des hymnes ,...... faux et impuissant délire ! la Discorde , républicains, n'en sera pas moins fixée au milieu de vous, elle est le fruit amer de l'arbre de la liberté , elle est le résultat nécessaire de toutes vos institutions.

cherche des mots nouveaux (1) pour déguiser ce que l'on sent la nécessité de rétablir ; enfin , on convient que le despotisme n'est pas essentiellement lié à la monarchie , ni la liberté à la république. Tout ce'a est délayé de cent façons différentes dans les journaux qui parviennent chez l'étranger , et tout cela veut assez dire que l'on offrirait volontiers , comme un gage possible de la paix . . . . . , un Roi , mais un Roi constitutionnel , un Roi ami de la révolution , enfin , si l'on osait le dire , un Roi républicain.

Ici je réprime les mouvemens d'horreur et de pitié qui s'élèvent dans mon cœur , à la seule idée de ce projet extravagant. Je m'abstiens de toutes réflexions sur l'offre de ce trône , faite par des mains régicides , sur l'impossibilité de s'accorder sur le choix de l'usurpateur ; je no ferai pas , aux puissances de l'Europe, l'injure de penser qu'elles puissent participer à un pareil traité. C'est aux républicains français que je parle , c'est pour eux que je vais sup-

---

(1) Un helleniste républicain avait fait la découverte du mot *Nomarque* , qui veux dire gouvernement par la loi , mais on a craint la trop grande facilité de l'anagramme , et un latiniste y a substitué le mot *Ségiarque.*

poser un instant la possibilité de l'exécution de ce projet, et chercher les avantages et les dangers qu'amènerait son accomplissement.

1.º Dissoudre la coalition ; 2.º assurer la liberté ; 3.º rendre la France heureuse ; 4.º empêcher que le retour de la royauté ne fasse couler le sang des Français ; tel est l'espoir des républicains, auxquels on prête le projet de changer la dynastie, dans la supposition où l'on ne pourrait atteindre ces quatre points principaux, par le systême républicain.

Je vais les examiner l'un après l'autre.

Dissoudre la coalition.

Une ambition aveugle avait créé la première coalition : un souffle la dissipa (1). Celle qui s'est formée depuis repose sur un intérêt bien puissant, car il ne s'agit rien moins que de l'existence des Rois et du bonheur du monde entier.

Envain la république française, humiliée par ses défaites, proposerait de rentrer dans ses limites, d'abandonner pour toujours l'Italie et toutes ces malheureuses contrées qu'elle

---

(1) La première coalition n'a pas réussi par mille raisons. Je n'en citerai qu'une : elle voulait démembrer la France, et cela est impossible.

accable du titre fastueux de républiques alliées ,
on ne la croirait pas. Qui pourrait ajouter foi
aux promesses que lui arracherait la nécessité,
lorsqu'au milieu même de ses victoires elle n'a
cessé d'outrager la justice ? La providence a
voulu que toutes les vertus fussent caution les
unes des autres , et le vainqueur avide et im-
périeux n'inspirera jamais de confiance , quand
le besoin lui fera bégayer le langage de la modération.

D'ailleurs , en supposant que la forme du
gouvernement républicain , en France , pût
convenir à ceux qui l'habitent , quelle garantie offrirait - elle aux puissances étrangères ?
Dans la révolution , le gouvernement ne fut
jamais qu'un parti. Lorsqu'il est abattu , celui
qui lui succède se croit , non-seulement dégagé de tous les traités faits avant son triomphe , mais il met de l'amour-propre à les
rompre. La coalition ne se dissoudra donc jamais sur les promesses que feront les gouver-
nans quelconques de la république française ;
car si elle était une fois dissoute , et que la
république ne tînt pas ses promesses , on peut
d'avance assurer qu'elle triompherait sans
peine de tous les Rois. Rien ne serait plus dif-
ficile que de les rallier de nouveau , ou , pour

mieux dire, cela serait impossible, car les Rois qui auraient pu se laisser tromper par le langage insidieux des républicains, seraient battus avant de consentir à s'avouer réciproquement qu'ils ont été dupes.

S'il fallait une preuve de la méfiance qu'inspire la république française, on la trouverait dans l'impossibilité où elle est de se faire des alliés. Ne la voit-on pas se réjouir aussi sincèrement de la neutralité de certaines puissances, qu'elle le ferait de la jonction de leurs troupes aux siennes? elle sent que lorsqu'on n'est pas son ennemi ouvert, on a fait tout ce que raisonnablement on peut faire pour elle.

En effet, comment espérer qu'un Roi risque ses trésors et ses soldats, pour arranger les affaires d'une république qui proclame elle-même que sa destinée est d'abattre tous les Rois ? Vainement ses magistrats changent aujourd'hui de langage ; les airs consacrés par la révolution les démentent chaque jour sur les théâtres et dans les camps, et rien n'est peut-être plus bizarre que de voir le directoire proscrire les journaux qui injurient les puissances neutres, tandis que les hymnes républicains proscrivent toutes les têtes couronnées.

On se le dissimulerait à tort ; il est tel Roi qui

qui risquerait doublement sa couronne , en combattant pour la république française ; ou ses soldats détestent les français et leurs principes révolutionnaires , et alors la coalition , pour qui l'art des insurrections n'est pas un mystère , saurait tirer parti de cette disposition d'esprits pour semer la discorde entre ces étrangers alliés , ou les mêmes soldats ont du penchant à adopter les principes français , et alors , en combattant pour eux et avec eux , ils acheveraient d'apprendre comment on trahit ses souverains , peut-être même comment on les conduit à l'échafaud.

Que l'on cherche le nom des premiers hommes qui ont marqué dans la révolution , on trouvera tous ceux des nobles auxquels Louis XVI permit d'aller combattre pour la liberté de l'Amérique. La France elle-même ne crut au besoin d'une constitution écrite , qu'en voyant son Roi s'allier à un peuple qui s'insurgeait pour en obtenir une. Cet exemple est si récent , qu'il n'a pu s'effacer encore de la mémoire. Malheur à tout Monarque qui ne saurait pas en profiter , qui ne verrait point qu'en s'unissant à la république française , il ébranlerait lui-même le trône sur lequel il est assis ! Dans tous les tems , les peuples se sont volontiers chargés d'achever les sottises de ceux qui les gouvernent.

Il est donc certain que la république française, après avoir perdu les alliés que lui avait donné la victoire, n'en trouvera point de nouveaux. On peut également présumer, qu'après avoir été battue, lorsque sa puissance embrassait une partie de l'Europe, elle ne pourra triompher, à présent quelle est réduite à ses propres ressources. C'est dans cette position que nous cherchons quelle garantie elle offrira aux puissances étrangères, soit pour faire la paix avec toutes, soit pour en attirer quelques-unes à elle, et balancer les forces de la coalition.

La première idée qui se présente est simple. Puisque la coalition, dit-on, n'a d'autre but que de rendre à la France son Roi légitime, en l'acceptant, on aura la paix avec le monde entier. La vérité de cette proposition pourrait être facilement démontrée, mais ce n'est point là mon but. Il n'est pas ici question des droits de Louis XVIII, mais du projet formé par les républicains de créer un Roi constitutionnel. Voyons le langage que pourraient tenir, aux puissances de l'Europe, les hommes qui ont conçu un si hardi dessein.

« L'existence de la république française,
» diraient-ils, vous a paru incompatible avec
» votre sûreté. En vain nous vous ferions les
» promesses les plus solemnelles, vous préten-
» dez que nous avons perdu le droit d'être
» crus : nous vous offrons une garantie; nous
» ne voulons point du Roi pour lequel vous
» combattez, parce que, le recevant des
» mains de la victoire, il nous ferait la loi.
» Nous avons des raisons pour n'en accepter
» un qu'aux conditions que nous dicterons
» nous-mêmes. Que vous importe, après tout,
» que ce soit Louis plutôt que Ferdinand,
» Guillaume ou Philippe? La différence du
» nom doit - elle faire couler le sang de vos
» sujets et de nos gouvernés? La France, en
» acceptant un Roi, abat elle-même ce fan-
» tôme de république qui vous effraie; elle
» perd le droit révolutionnaire de s'élever
» entre vos peuples et vous; renoncez égale-
» ment à vous mêler de tout ce qui se passera
» entre la France et son Roi constitutionnel.
» Faisons la paix, et que ce Roi, reconnu
» par vous, soit le gage de la durée de notre
» traité ».

Les Rois assemblent leurs conseils. On discute cette proposition , et je suppose que l'on peut résumer ainsi les diverses objections :

« Vous desirez que nous reconnaissions un » Roi créé par vous , et de votre autorité ré- » volutionnaire. Mettant de côté la honte d'a- » bandonner celui pour lequel nous combat- » tons, et d'avouer ainsi à la postérité que la » peur seule nous arma , nous vous deman- » derons quels sont ceux qui veulent ce Roi » constitutionnel ; sont-ce les chefs de la ré- » volution? sont-ce tous les Français ?

» Si les Français sont d'accord, proclamez » votre nouveau Roi , vous n'avez pas besoin » de chercher des appuis parmi nous. Mais » s'il est vrai que celles de vos provinces qui » s'insurgent, ne s'arment qu'au nom de Louis, » s'il est vrai que ce Roi a de nombreux parti- » sans dans toutes les autres , pourquoi vou- » lez-vous que nous protégions un Monarque » qui ne convient pas à la France ? Loin de » cesser de nous mêler de vos affaires , ne se- » rait-ce pas, au contraire , nous en déclarer » les arbitres ?

» Vous prétendez qu'il nous importe peu » que ce soit LOUIS plutôt que FERDINAND, » PHILIPPE ou GUILLAUME. L'expérience nous

(13)

» a trop instruits du contraire. Elle nous a
» convaincus enfin que les Rois auraient tou-
» jours dû être sacrés les uns pour les autres.
» Si Elisabeth n'avait point fait périr sur un
» échafaud Marie Stuart, Reine d'Ecosse,
» jamais les Anglais n'auraient osé condamner
» à mort leur Roi Charles I.er L'indifférence
» que les têtes couronnées de l'Europe mon-
» trèrent pour un pareil attentat, a dressé
» l'échafaud, sur lequel vous avez fait rouler
» la tête de Louis XVI, votre Roi. Ces deux
» effroyables exemples ne seront pas perdus
» pour nous ; et si nous combattons pour
» vous rendre votre Monarque, c'est afin que
» la justice et la force relèvent la majesté du
» trône, sans laquelle il n'est plus ni sûreté
» pour les Rois, ni tranquillité pour le monde.
» Tout ce qui naîtra par la révolution, la
» justifiera. Si vous obtenez de vous choisir
» un Roi, qui ne soit pas celui dont nous
» avons reconnu les droits, la révolution
» triomphe, et nous ne voulons pas plus ac-
» corder aux factieux de nos empires, le droit
» de nous détrôner, que celui de nous assas-
» siner (1).

----

(1) C'est ce qui arriverait inévitablement, si la coalition re-
connaissait un autre Roi que le Roi légitime, car le droit des

» Mais laissant l'avenir pour ne nous occu-
» per que du présent, nous vous demandons
» si votre Roi constitutionnel sera pour nous
» une garantie suffisante de la modération de
» la France. Les hommes qui s'arrogent le
» pouvoir de faire un Roi, renoncent-ils à
» celui de l'abattre ? La faction qui le procla-
» mera ne sera-t-elle pas cette faction révolu-
» tionnaire qui a contribué à abattre Louis XVI ?
» Est-il prudent de confier le sort de la royauté
» à ceux qui se sont déclarés juges des Rois ?
» celui qui vous devra la couronne, ne sera-
» t-il pas forcé de vous choisir pour ministres
» et pour conseils ? alors, c'est encore la ré-
» volution. S'il veut secouer votre joug, vous
» le perdrez ; et qui vous empêchera de pro-
» clamer encore la république, d'avouer même

---

peuples, pour détrôner leurs Rois, se fonderait sur l'exemple
autorisé par les Rois eux-mêmes. On a dit qu'un peuple n'avait pas
le droit de s'immiscer dans les affaires des autres peuples ; c'est un
grand mensonge. Ceux qui l'avançaient étaient peut-être alors les
seuls qui n'en fussent pas dupes, et ils l'ont prouvé en s'immis-
çant dans les affaires de tous les peuples, aussitôt qu'ils l'ont pu.
Dans l'état où est l'Europe, depuis un siècle sur-tout, il n'est pas
une grande nation qui puisse changer le fond de son Gouvernement, sans que toutes les nations soient agitées. Les Rois, cependant, n'en croyaient rien, avant que la révolution française l'eût
écrit en caractère de sang.

» que votre fantôme monarchique ne fût érigé
» que pour tromper et dissiper une coalition
» devant laquelle vous trembliez ? Recom-
» mencerons-nous la lutte dans laquelle nous
» sommes engagés aujourd'hui ? nous trouvons
» plus sûr de poursuivre le cours de nos vic-
» toires , et de rendre à la France un Roi ,
» dont les malheurs et la reconnaissance nous
» assurent l'amitié , et dont la puissance , ren-
» forcée par l'amour de ses peuples , nous
» garantisse la paix de l'univers , et le respect
» de ceux que nous gouvernons ».

Cette réponse est probable , du moins pour les chefs les plus puissans de la coalition ; alors il ne restera d'autre espoir aux novateurs de dynastie , que de rallier à eux quelques puissances secondaires que l'on prétend ef- frayer de l'union de l'Autriche , de l'Angle- terre et de la Russie.

J'ai déja tâché de démontrer combien cet espoir était peu fondé , et combien il était in- vraisemblable que des Rois puissent faire quelques traités avec des républicains qui ont juré la perte de tous les Rois ; mais j'admets , pour un moment , la possibilité de cette al- liance monstrueuse , j'admets que l'Espagne , déterminée par la peur ou la nécessité , que la

Prusse , égarée par le sentiment d'une vieille rivalité , ou par quelques faux calculs d'ambition (1) , oublient les dangers qui suivraient nécessairement cette alliance inconsidérée , et signent un pacte avec les républicains de France ; est-ce avant ou après la proclamation du Roi constitutionnel , que ce pacte sera signé ? Dans le premier cas , qui les assurera qu'elles ne seront pas trompées , et qu'une fois engagées dans les querelles de la république , il sera encore en leur pouvoir de faire proclamer leur Roi ? Si elles attendent qu'il soit élu , qui garantira alors aux Français que l'alliance s'effectuera assez tôt pour que le re-

---

(1) A l'est , la France avait pour alliée et pour rempart, la Suisse ! ! ! ! A l'ouest est l'océan, couvert des flottes de son éternelle ennemie l'Angleterre ; le Portugal et l'Espagne occupent seuls la partie Méridionale (car il est permis de ne plus parler de l'Italie), la première de ces puissances est l'alliée de la Grande-Bretagne ; la seconde est à l'extrémité du continent, et n'ayant point d'alliée naturelle, tremble devant le directoire républicain, et lui prête ses vaisseaux. Dans le nord, l'Autriche et la Russie imposent nécessairement la loi aux puissances secondaires , telles que la Suède et le Dannemarck ; l'invasion commencée en Hollande n'aurait point de succès, que la Hollande , sans flottes et sans commerce , serait encore plus à charge qu'utile à la France. La Prusse est donc la seule puissance dont les républicains français puissent espérer de payer l'assistance.

On peut donc dire, avec certitude, que l'Espagne et la Prusse sont les seules alliées *possibles* des républicains.

connaissance

connaissance d'un Roi, autre que le Roi légitime, ne plonge pas la France dans la guerre civile? Ces Rois viendront-ils ensuite s'unir à un peuple déchiré par les factions? et s'ils balancent trop long-tems, n'est-il pas à craindre que les proclamateurs du Monarque constitutionnel ne soient entraînés avec lui, par la violence du torrent? on sait que les Rois constitutionnels ne durent pas.

Mais supposons l'impossible, c'est-à-dire, que tout réussisse au gré des républicains; il ne résultera pas pour cela que la coalition soit dissoute. La France n'aura gagné, pour alliés actifs, que l'Espagne et la Prusse. On sait ce que vaut l'alliance de l'Espagne; quant à la Prusse, la Russie seule pourrait occuper toutes ses forces, sans rien diminuer de l'appui qu'elle prête à la coalition, et elle serait probablement aidée par les autres cours du Nord.

Cependant combien de troubles, combien de révolutions s'éleveraient dans le royaume constitutionnel !

Les armées auxquelles on a tant répété que la liberté était incompatible avec la Monarchie, et qui n'entendent pas bien cette politique de club, qui fait, suivant les circonstances, uu axiôme vrai d'une idée fausse, et un axiôme faux d'une idée vraie, les armées, dis-je, se battront-elles pour ce nouveau Roi? seront-elles d'accord? Dans le premier moment où le voile sera déchiré, chaque chef, chaque officier, chaque soldat ne se croira-t-il pas dégagé de ses sermens, et libre de se jetter dans le parti qui lui conviendra le mieux?

Des partis.

Il s'en formera nécessairement deux, également ennemis du Roi constitutionnel, les républicains, d'une part, et les véritables royalistes de l'autre. Cette division inévitable, jointe à l'état d'épuisement où se trouve la république, à la disette d'argent qui augmentera avec les troubles, n'affaiblira-t-elle pas la France, plus que deux alliés ne pourront lui prêter de forces? et si ses deux alliés s'apperçoivent que le fardeau de la guerre retombe, presqu'entier, sur eux, sans qu'on puisse leur garantir les avantages promis pour les attirer dans l'alliance, n'y renonceront-ils pas aussitôt? alors que deviennent les proclamations de la Monarchie constitutionnelle, et les grandes espérances dont on l'entourait?

Dans la supposition même où la France, l'Espagne et la Prusse seraient en état de soutenir la guerre, il en résulterait toujours que nous n'aurions pas la paix, et qu'un Roi constitutionnel n'est pas plus le gage de la cessation des maux qui nous accablent, que celui de la dissolution de la coalition.

Assurer la liberté.

Après avoir conjecturé que la coalition ne reconnaîtrait point un Roi constitutionnel en France, on peut de même présumer que son élection n'assurerait pas la liberté des Français ; ou on le proposera à la France, et elle le rejetera, ou une faction prendra sur elle de lui frayer le chemin au trône ; alors n'y montant que par un crime, n'y étant placé que pour approuver tous les crimes, sa position le forcera d'être un tyran, quand même son caractère l'éloignerait de la tyrannie.

Qu'on ne s'y trompe pas ; après une révolution, un Roi qui a le droit et le pouvoir de pardonner, peut se montrer le père de ses sujets ; mais celui qu'on ne choisirait que pour sanctionner tous les forfaits, garantir toutes les injustices, ne sera jamais que le chef, l'associé, ou l'esclave des scélérats.

Un Roi , né de la révolution , relevera-t-il ce que la révolution a renversé ? recrééra-t-il les deux institutions qui s'adoptent si naturellement à la monarchie , telle que nous avons l'habitude de la concevoir ? on devine aisément que je parle de la religion et de la noblesse.

Comment croire qu'un Roi confirmerait, en montant sur le trône , l'exil de toute la famille royale qu'il aurait dépouillée , qu'un Roi qui sanctionnerait la mort de Louis XVI, et toutes les lois portées contre les émigrés , osât seulement prononcer le nom de noblesse ? La véritable noblesse , suivant le système monarchique , resterait donc à jamais proscrite, tandis que celle qui consentirait à désavouer son Roi , serait enrichie , et peut-être même recrutée de la plupart des conventionnels qui ont voté la mort de Louis XVI. Oh ! la singulière noblesse , et le plaisant appui d'un trône ! pour l'honneur des républicains , auxquels on prête le projet de sauver la liberté , au profit d'un Roi de leur création , affirmons que la noblesse n'entrera pas plus dans la monarchie qu'ils méditent, qu'elle n'entrait dans leur système républicain.

Que dirons-nous de la religion ? ah ! sans

doute , elle serait bien plus incompatible encore avec un régime pareil. Un Roi qui jure-
rait de continuer la proscription du véritable
clergé, qui serait forcé de s'entourer de prêtres
apostats et factieux , qui leur devrait sa couronne , ne pourrait jamais rendre à la religion
sa bienfaisante autorité et son ancien éclat ;
point de doute même qu'on ne lui fasse une
loi de ne pas reconnaître de religion dominante (1).

Comment donc concevoir un Roi de France
sans noblesse et sans religion, à moins d'avouer
qu'il sera plus despote que le Grand-Seigneur ,
dont le pouvoir est du moins contenu par la
tradition , par les coutumes et par l'alcoran ?
Montesquieu l'a dit avec raison : il n'est pas
de pur despotisme , et le sultan qui peut faire
sauter la tête de ses sujets , n'oserait leur or-
donner de boire du vin.

Le Roi constitutionnel , une fois proclamé ,

---

(1) Il faut toujours répéter qu'une religion dominante n'est
pas une religion intolérante. Il peut y avoir vingt manières d'ado-
rer Dieu , dans un pays, et pourtant une religion dominante. On
appelle ainsi celle qui est reconnue par l'immense majorité de la
nation , et qui, conséquemment , est appelée dans toutes les céré-
monies faites au nom et pour le bien de l'Etat. On ne sait point de
peuple dans son bon sens qui ne reconnaisse une religion pareille.

l'immense édifice des lois faites au nom de la république, tombe aussitôt, sans pouvoir être remplacé par les lois qui existaient sous la monarchie, puisqu'elles sont toutes contraires au but de son élection et à son élection même. La France se trouve donc à la merci d'un homme, ce qui constitue le despotisme, et elle y tombe, sans avoir aucune tradition, aucune coutume, aucune institution pour la défendre. Certes, le caractère de cet homme ne serait point une garantie pour elle; un gouvernement élevé par la corruption, ne pourrait être lui-même que corrupteur. Pour qu'il soit, ce gouvernement, il aura fallu trahir les sermens faits à la royauté, et les sermens prêtés à la république; ainsi, son existence seule condamnera la probité, la fidélité et le courage : tout cela ne promet pas la liberté.

Ce que je viens de dire est avoué par les républicains, mais ils y ajoutent :

« Nous avons besoin nous-mêmes d'une ga-
» rantie contre les projets à venir du Roi que
» nous voulons, et cette garantie, nous ne
» pouvons nous la donner que par des lois qui
» assurent la liberté de notre patrie ».

Ainsi, *encore une constitution !* . . . . . deux conseils, **dit-on**, et un Roi constitutionnel !

Cette constitution , qui la fera ? ceux qui en ont déja fait , juré ou détruit trois , sans compter le gouvernement révolutionnaire ? belle espérance pour la liberté !

Mais ces deux conseils , de qui seront-ils composés ? quel sera leur emploi ? parce qu'ils existent en Angleterre , vous les espérez en France , et cela, après que vous avez détruit tout ce qui pouvait leur donner l'existence. En Angleterre , les élections sont libres (1) ; elles ne pourront l'être en France , tant qu'il y aura de nombreux partisans de Louis XVIII , tant qu'il en restera à la république. En Angleterre, il y a une chambre de nobles , vous n'en aurez point en France. Quand vous en auriez, ceux qui le seront , après s'être traînés dans la fange de la révolution , auront-ils des intérêts assez purs pour n'être pas des esclaves , ou assez de respect des lois pour n'être plus des

---

(1) Outre qu'en Angleterre le système représentatif est sagement modifié , ce peuple est tellement fier de sa constitution et de ses lois , qu'il repousse avec un instinct admirable toutes les instigations démagogiques. On peut donc dire que les élections y sont vraiment *libres*. Mais c'est une chose bien bizarre , qu'un gouvernement , dit représentatif, qui ne représente ni clergé , ni noblesse, ni magistrature , ni propriété , rien enfin de ce qui fait la force d'un Etat : c'est pourtant ce qu'on voit en France.

factieux ? La constitution que vous charpenteriez, avec votre Roi constitutionnel, et vos deux conseils, ne serait qu'une révolution, dans la révolution ; ce serait le triomphe d'une faction, et non celui de la liberté.

Cette constitution, d'ailleurs, où est-elle ? qui vous a chargés de la faire ? quand la connaîtrons-nous ? sera-ce avant d'avoir le Roi qu'elle nous promet ? nous serons donc libres de la rejeter ; sera-ce après que le Roi sera proclamé ? il n'aura donc pu l'être en vertu de cette constitution ; mais votre Roi régnera, ce sera le plus fort de la difficulté vaincu, et alors nous serons bien forcés de subir le joug : ce n'est pas là la liberté.

Enfin, il est tems de le dire, puisque l'expérience l'a prouvé. Une constitution écrite, est un livre bon ou mauvais, mais qui n'influe nullement sur la liberté des peuples, et la stabilité des gouvernemens.

La constitution écrite en 1790, crut fonder la monarchie : elle la détruisit. La constitution écrite en 1793, crut fonder la république : elle produisit le plus sanglant despotisme, dont les annales du monde fassent mention. On y renonça, pour écrire la constitution de l'an 3 ; il semble qu'elle ne soit imprimée, qu'afin que

tous

tous les Français puissent connaître , par eux-mêmes , combien de fois elle fut violée , et toujours avec succès.

Excepté les Américains, *peuple nouveau* (1) , aucune nation n'a de constitution écrite , mais presque toutes ont , dans leurs anciennes lois , des autorités suffisantes , pour prétendre à une liberté raisonnable , et des guides sûrs pour y arriver. Toutes les nations qui voudront jouir de cette liberté, la chercheront dans ces lois anciennes ; leur antiquité même est un garant certain qu'elles s'accordent avec les intérêts de tous les individus , puisque chaque individu s'est arrangé , suivant l'impulsion qu'elles ont autrefois donnée à la nation. Cherchez la liberté autre part , vous ferez des rêves , des rêves malheureux , souvent même sanglans : c'est ce qui nous est arrivé ; c'est ce qui est arrivé et arrivera toujours aux peuples qui s'abandonneront aux systêmes , qui croiront à une régénération , et qui penseront que les

____

(1) Il n'y a que vingt ans que s'est formé le faisceau des constitutions fédératives américaines. Ce court espace suffit-il pour en garantir la durée et l'indissolubilité ? Attendez que le peuple des légistes, des commentateurs, des philosophes, se soit multiplié en Amérique , ce sera un grand miracle, si un seul article de ces nombreuses constitutions échappe au creuset de leur analyse.

D

intérêts de tous sont différens des intérêts de chaque corporation , de chaque famille , de chaque individu. S'il faut renoncer à la république , s'il faut revenir à la monarchie, et n'y revenir qu'avec la certitude de jouir de la liberté , c'est dans nos lois anciennes qu'il faut chercher l'une et l'autre (1). Par-tout autre part, nous ne rencontrerons que sophismes , illusions , anarchie, despotisme , ruine et misère.

Or, peut-on chercher la monarchie et la liberté dans nos anciennes lois, si l'on proclame un Roi constitutionnel ? non, sans doute, puisque ce Roi ne peut régner qu'en foulant aux pieds ces mêmes lois, nos usages et nos institutions.

––––––––––––––

(1) S'il fallait une preuve de ce que j'avance, on la trouverait dans l'histoire même de notre révolution. Lorsque les états-généraux furent assemblés , la France se crut libre. En effet , les états-généraux rappelaient à-la-fois l'antiquité de la monarchie et l'origine de la liberté nationale. Tous les discours prononcés aux états-généraux flattaient l'espoir et l'orgueil des Français, parce que ces discours ne contenaient rien qui ne fût dans le sens le plus direct de nos anciennes institutions. Mais quand les états se perdirent en assemblée nationale , le passé ne pût plus servir de guide ; on en chercha un dans les ouvrages des philosophes ; ils nous menèrent droit au gouvernement révolutionnaire, dont, sans doute, on n'eût trouvé ni l'idée , ni le modèle dans nos anciennes lois.

Quand les intérêts des grands corps ne balancent pas naturellement l'autorité, tout ce qu'on fait pour la contenir l'étouffe, ou périt par elle ; et avec un Roi nouveau, nous n'aurons ni grands corps dans l'État, ni intérêts dignes d'être ménagés : où les lois et les hommes sont nouveaux, tout est fragile et de peu de durée.

Français ! croyez à la liberté que vous promet un règne pareil, et pour vous donner une idée de la tranquillité dont vous jouirez sous un Monarque constitutionnel et ses deux chambres, rappelez-vous que la querelle entre le corps législatif et Louis XVI s'est terminée par la mort de ce Roi, et que la discussion entre votre directoire et les deux conseils, n'a fini que par la déportation de vos représentans.

Rendre la France heureuse.

Les Français ont toujours été mal royalistes. Ils aiment, en général, plus leurs Rois que la royauté : c'est le contraire en Angleterre.

Cette différence de sentimens tient à la différence des évènemens qui ont agité les deux peuples.

Les Anglais ont eu beaucoup de guerres civiles ; ils ont essayé une fois la république , et le malheur les a convaincus qu'un grand peuple ne jouissait de la liberté qu'à l'abri de la monarchie ; ils aiment la royauté , comme on aime tout ce qui est bon , tout ce qu'on sait nécessaire.

Jusqu'à la révolution , les Français ont joui des avantages de la monarchie, sans les apprécier ; leur amour ou leur haine n'allaient pas jusqu'à l'institution ; ils aimaient ou détestaient le Monarque , voilà tout : ils n'ont point changés. On les voit encore aujourd'hui s'informer avec inquiétude du caractère du Roi qu'ils espèrent ou dont ils sont menacés. Cette sottise m'étonnerait si elle n'était pas si générale.

Il n'est pas essentiellement nécessaire qu'un Roi soit aimé , mais il est indispensable qu'il soit respecté ; c'est de ce sentiment que dépend le bonheur du peuple.

Les hommes n'accordent leurs respects qu'à la grandeur ou à la vertu.

Républicains ! quelle serait la grandeur de votre Roi constitutionnel ? quand vous osez lui offrir un trône, à condition qu'il renoncera d'avance à la justice , premier devoir des Rois, sans lui laisser la clémence, le plus beau de leurs priviléges , n'est-ce pas dire hautement que vous le méprisez ? n'est-ce pas le livrer au mépris des peuples , que vous lui donnez à gouverner ?· Non , je le répète, il n'est pas un prince en Europe qui voulût de la couronne de France , si elle lui était offerte par des mains teintes du sang de Louis XVI, et aux conditions que sont toujours prêts à imposer des factieux qui veulent l'impossible, c'est-à-dire , absolution de leurs crimes et garantie de leurs remords.

Sa vertu ! quelle serait la vertu d'un usurpateur ?

Monté sur le trône , tous les crimes commis pour abattre l'ancienne monarchie française , tous les forfaits exécutés pour créer et maintenir la république, deviennent les siens ; seul il en profite, seul il en reste coupab'e aux yeux de ses concitoyens et de la postérité.

Avec qui est-il obligé de contracter alliance? avec des hommes qui ne seront plus que des monstres , s'ils cessent d'être républicains.

Qui est-il obligé de protéger ? les assassins , les voleurs; il est leur ouvrage, ils le prennent pour chef, ils le maintiendront , s'il leur est dévoué, et le feront trembler, s'il pense seulement à secouer leur joug.

Qui sera-t-il obligé de proscrire ? tous ceux qui sont restés fidèles à leur conscience ; ils seront suspects aux yeux du Roi constitutionnel , parce qu'ils auront toujours respecté la royauté. Bizarre effet d'un projet plus bizarre encore ! pour vivre tranquille , sous une pareille monarchie , il faudra sans cesse prouver que l'on fût républicain , et cependant malheur à qui laisserait soupçonner qu'il l'est encore !

Oserai-je parler de la morale , au milieu d'événemens aussi scandaleux ? mais, je le demande , quelle serait celle d'un peuple , où les hommes restés vertueux , sans considération, accablés de misère, s'écrieraient chaque jour de leur vie : pourquoi n'avons-nous pas été criminels ? nous en serions payés par les richesses et les honneurs , et nos enfans ne nous reprocheraient pas, avec amertume, une probité qui les a perdus.

Que ceux qui ont commis tant de crimes , en risquent un nouveau , dans l'espoir de s'absoudre des autres , on le conçoit ; les remords sont de mauvais conseillers. Mais que les hommes qui, aux yeux du rigorisme le plus intolérable , sont, *au plus*, coupables d'erreurs, s'associent à leurs projets, qu'ils deviennent criminels, pour ne point se montrer repentans, voilà ce qu'on ne conçoit pas ; cependant voilà ce qu'on ose proposer à la majorité des Français.

La majorité des Français est *coupable*, ne cessent de répéter les républicains, qui cherchent à grossir leur parti par la peur.

La majorité des Français est coupable ! . . . l'est-elle de meurtres, de pillage, d'incendie, de vols, de proscriptions, de tyrannie ? non : elle n'a pas commis tous ces attentats ; au contraire, elle en a été la victime. De quoi donc est-elle coupable ? je le répète : d'*erreur*.

Eh ! quoi, l'erreur, qui n'est pas même justiciable des lois, dans les tems ordinaires, le deviendrait après une révolution ! on punirait les Français, positivement à l'époque où, désabusés par une terrible expérience, ils sont, de l'univers entier, le peuple le plus disposé à se soumettre aux lois dont ils sentent la nécessité, dont ils appellent la protection ; et pour empêcher des malheurs aussi chimériques, pour arrêter des vengeances, dont l'absurdité démontre seule l'impossibilité, il faudrait que la majorité des Français passât de l'erreur au crime ! Ah ! quand bien même nous aurions besoin de pardon , à ce prix , ce serait acheter trop cher le droit de nous en passer.

Supposons cependant que le Roi des républicains soit proclamé ; ou il le sera de l'aveu apparent (1) de la majorité de la nation , ou il le sera contre le vœu prononcé de la majorité.

Dans ce premier cas , la nation française , gouvernée par un chef de factieux , habitués à tout oser , dominée de nouveau par une terreur plus sourde et plus habile que la première , se trouve livrée à des inquiétudes , à des fluctuations sans cesse renaissantes. La révolution justifiée , en apparence , par l'évènement , jette dans l'avenir le germe de mille révolutions nouvelles ; le libertinage le plus effréné , le luxe le plus corrupteur sont appelés pour distraire les remords ; les fortunes amassées par le brigandage , se dissipent en peu de jours , et la misère forme de nouveaux brigands prêts à tout oser , pour s'enrichir encore. Point de

---

(1) On sait ce que vaut une acceptation de constitution nouvelle par les assemblées primaires. Cette jonglerie n'en impose à personne , et se renouvellera tant qu'on voudra. Ceux qui appellent une pareille acceptation , l'*expression de la volonté générale*, n'en croient pas un mot ; mais ils doivent le dire , chercher même à le prouver aux sots. Sans l'impudence , que serait leur pouvoir ?

confiance

confiance dans la stabilité du gouvernement,
partant, point de commerce„ point de crédit,
l'étranger craint de se lier d'intérêt avec un
pays toujours menacé de convulsions poli-
tiques , les maux présens font oublier ceux
que l'on redoutait, lorsqu'on proclama l'usurpateur ; les regrets arrivent, ils réveillent les
remords ; on s'agite sans but fixe, sans projet
concerté ; le mal s'accroît de l'impossibilité de
le guérir. Français , est-ce là le bonheur ?

Mais si ce Roi constitutionnel n'est point
accueilli par la majorité de la nation , quelles
couleurs sanglantes il faut ajouter au tableau
que je viens de tracer ! de combien de proscriptions il faudra surcharger les proscriptions
décrétées pendant la révolution ! nous verrons
de nouveau les bourreaux appelés au secours
du gouvernement ; nous n'entendrons parler
que de complots, de conspirations, et après
avoir vu sacrifier une partie de la France à la
propagation des principes philosophiques,
nous en verrons immoler une autre à l'essai
d'une monarchie révolutionnaire. Réfléchissez,
Français ! est-ce là le bonheur ?

*Empêcher que le retour de la royauté ne fasse
couler le sang des Français.*

Si les puissances étrangères pouvaient croire

E

au crédit et à la sincérité des républicains qui veulent proclamer un Roi constitutionnel, il leur suffirait de les laisser faire, pour se venger bien cruellement de la frayeur que leur a causée la république française. En effet, ce nouveau Roi, une fois sur le trône, la guerre civile éclate, au nom de la royauté. Que les Rois protégent ensuite Louis XVIII, assez pour que son parti puisse constamment combattre, sans lui prêter pourtant des forces suffisantes pour qu'il puisse triompher, et cette guerre civile durera tant qu'il restera, hors de France, un membre de la famille des Bourbons. N'en doutons pas un instant; telle fut toujours la politique des puissances étrangères, à l'égard des pays agités par les troubles civils (1), telle elle serait encore, si la coalition se brisait devant les promesses de la faction républico-royale. Ce ne serait que pour perdre la France plus sûrement, que les Rois cesseraient de la combattre.

Vingt ans, trente ans, peut-être, de guerre

---

(1) Machiavel, dont les philosophes du dix-huitième siècle ont fait un républicain, mais qui n'en est pas moins le conseil et le guide des tyrans, établit en précepte cette cruelle et désolante politique. Voyez *le Prince*, ch. xx.

intérieure, où les Français seraient égorgés par la main des Français, où chaque province de France serait saccagée, brûlée par des soldats levés dans les provinces françaises, la misère, la famine et la mort, ô ma patrie ! voilà le sort que te préparent les novateurs de la dynastie, en t'effrayant au nom des vengeances qu'ils supposent dans le cœur de Louis XVIII.

Qui osera révoquer en doute que ce frère de l'infortuné Louis XVI ne trouve parmi les étrangers, assez d'or, et parmi ses anciens sujets, assez de soldats, pour soutenir en France un parti armé, chaque fois que l'on sera mécontent du Roi constitutionnel ? qui doute également que, par sa position, ce Roi constitutionnel ne fasse des mécontens, autant de fois qu'il osera avoir une volonté ? trahira-t-il la nation en faveur du parti qui l'aura servi ? La nation se soulèvera, tentera-t-il de secouer le joug de ses maîtres? ils s'uniront au véritable parti royaliste, ou aux débris du parti républicain, pour faire acheter leur appui plus cher, ou pour mieux assurer leur domination. Ouvrez l'histoire des guerres civiles de tous les pays, elle est si constamment la même, qu'on pourait, d'avance, écrire la nôtre, si le trône de France est livré à un usurpateur.

L'imagination recule devant les flots de sang dont la France serait alors inondée, et telle cruauté que l'on impute à un Roi, qui a promis de pousser la clémence plus loin que la nation elle-même ne l'exigerait, si elle était assemblée pour traiter avec lui, jamais on ne trouvera de parité entre les malheurs que son retour entraînerait, et ceux qui naîtraient nécessairement de l'usurpation.

Qui donc atteindraient ces prétendues vengeances de Louis XVIII ? serait-ce la classe qu'autrefois on appelait le peuple ? sa nullité, sa misère, et le besoin qu'on a de lui, le sauvent même de l'examen. Seraient-ce les paysans, les laboureurs, les négocians, les marchands, les artisans ? le gouffre de la révolution n'a que trop englouti de ces hommes utiles. Un prince qui ne songera qu'à réparer et conserver, n'aura pas assez de ceux qui lui resteront pour fermer toutes les plaies faites au commerce, à l'agriculture et à l'industrie. Voilà donc plus des quatre-vingt-dix-neuf centièmes de la nation à l'abri de ces vengeances si terribles dont on nous menace.

Mais avec un usurpateur, et les troubles

affreux qu'il traîne à sa suite, ni le laboureur,
ni l'artisan, ni le commerçant, personne, en
un mot, ne peut répondre de son existence.
La guerre civile est un fléau qui frappe également ceux qui l'appellent et ceux qui le fuient.

Le retour de Louis XVIII donne la paix à la
France et au monde entier ; l'élection du Roi
des républicains ne change rien aux chances
de la guerre, ou plutôt elle les multiplie et les
rend plus terribles.

Par le retour de Louis XVIII, tout serait
réglé, même l'excès de la vengeance, en la
supposant toujours telle que les républicains
la décrient.

Avec l'usurpateur et la guerre civile, tout
serait abandonné à l'excès des passions. Les
républicains sont si malheureux dans leurs dé-
sirs, que pour nous sauver des fureurs royales,
ils n'ont trouvé d'autres moyens que de nous
donner deux Rois, et de faire combattre le
droit et la possession.

Mais si l'on nous peint Louis XVIII comme
avide de vengeances, lorsque l'immense majorité des Français n'est au plus coupable que
d'erreur, que sera-ce donc s'il triomphe,
après que son trône aura été occupé par un
usurpateur ? qu'on ne s'y trompe pas ; l'élec-

tion d'un Roi constitutionnel serait , dans le système royaliste , un crime plus grand encore que la mort de Louis XVI ; alors on renversait le Roi , maintenant on renverserait l'antique monarchie , sans que l'enthousiasme de la liberté pût servir de prétexte ou d'excuse.

Les malheurs qui ont pesé sur la France , après la mort de Louis XVI , l'exécrable tyrannie restée sur le compte de Robespierre , tant de victimes sacrifiées comme royalistes , tout semble s'élever pour déposer que la condamnation de ce Roi ne fut pas l'ouvrage de la nation. Faudra-t-il donc encore que de nouveaux malheurs , de nouveaux forfaits viennent attester que le choix d'un nouveau chef révolutionnaire ne fût pas le vœu de la France ?

Vous qu'on cherche à séduire au nom de votre intérêt personnel , vous qu'on veut égarer par la peur , réfléchissez sur les conséquences forcées de l'élection d'un Roi constitutionnel , et jugez si un pareil retour de la royauté empêcherait de répandre le sang des Français.

CONCLUSION.

Il n'y a que les coupables et les sots qui

puissent répéter que , s'il faut revenir à la royauté , le choix du Monarque est indifférent. D'une part , il y a certitude de bonheur ; de l'autre , on ne voit que malheurs , sans terme. Il n'est donc pas indifférent , le choix qui nous livre à l'une ou à l'autre de ces alternatives.

Que desirent tous les partis ? terminer la révolution. Eh ! bien , l'élection d'un Roi constitutionnel ne donne pas la paix à l'Europe , le bonheur et la liberté en France ; elle ne termine pas la révolution ; AU CONTRAIRE, elle la prolonge.

Il reste donc démontré qu'il n'y a point de parti en faveur d'un Roi constitutionnel. S'il existe quelques hommes qui aient en effet *pensé* ce grand projet , j'ose assurer qu'*ils le penseront toujours , et ne l'oseront jamais.*